课本里必背的

中国文化
百科常识

图鉴江山◎编著

五谷丰登

中国书法出版传媒有限责任公司
CHINA CALLIGRAPHY PUBLISHING & MEDIA
书法出版社·北京

图书在版编目（CIP）数据

课本里必背的：中国文化百科常识/图鉴江山编著.

北京：书法出版社有限公司，2024. 12（2025.1 重印）

—— ISBN 978-7-5172-0629-3

Ⅰ.K203-49

中国国家版本馆 CIP 数据核字第 2024JH6594 号

课本里必背的：中国文化百科常识

编 著 者	图鉴江山	
责任编辑	樊碧博	
装帧设计	图鉴江山	
出版发行	书法出版社有限公司	**发行部电话** 010-65066428
地　　址	北京市朝阳区农展馆南里 10 号	**邮　　编** 100125
印　　刷	三河市刚利印务有限公司	
开　　本	710 毫米 ×1000 毫米　　1/16	
印　　张	7	
字　　数	88 千	
版　　次	2024 年 12 月第 1 版	
印　　次	2025 年 1 月第 2 次印刷	
定　　价	79.00 元	

目录

第三章　宗法与礼俗

第六章　衣食与住行

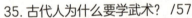

1. 你知道什么是"童生"吗？

在明清科举制度中，那些学习儒家经典以参加科举考试的读书人，在未考取秀才资格之前，都被称为童生或儒童。

2. "金榜题名"中的"金榜"是指什么？

"金榜"就是古代揭晓科举考试殿试成绩的排名榜，它是用黄纸黑字写下考中进士人的名次、姓名、籍贯信息的榜单，因为纸张的颜色是黄色，故称"金榜"，又叫"黄榜"。

3. 科举制是何时被废除的？

科举制是古代选官方式，但在 1905 年清政府下令正式废除了科举制。因为随着社会的发展，科举制已经不能满足国家选拔人才的需要，并且在一定程度上阻碍了清政府的统治与发展。

4. 什么样的人可以被称为状元？

状元是科举考试中殿试第一名的称谓。这一称谓起源于唐代，当时科举考试有许多名目，只有进士科的第一名才能称为状元。

5. "四书"指的是哪四本书？

"四书"指的是《大学》《中庸》《论语》和《孟子》四部儒家经典著作，蕴含了丰富的哲学思想、道德观念和教育理念。

6. "五经"是指五本经书吗？

"五经"并不是五本经书哦，而是指儒家经典中的五部重要著作，包括《诗经》《尚书》《礼记》《周易》和《春秋》。这些经典在中国古代文化中占有重要地位，是研究和传承的重要对象。

7. 古代考试的地方叫作什么？

古代学子们参加科举考试的地方叫"贡院"，就像现在的学校大考场，里面有很多小房间，考生们在里面奋笔疾书，争取考出好成绩。

8. 什么是"八股文"？

"八股文"是古代科举考试要写的文章，内容固定，格式严格，分为破题、承题、起讲、入手、起股、中股、后股、束股等八部分，像搭积木一样。

9. 你知道什么是武举吗？

古代科举里有个特别的考试叫武举，它是一场选拔勇士和将军的比武大会，考骑马、射箭、耍刀枪、举石，谁最厉害谁就能当大将军，保卫国家。

10. 你了解古代官职的起源吗？

古代官职的起源可以追溯到国家产生的初期，大约始于夏代。随着国家的形成，为了管理社会事务和国家的运行，逐渐出现了官职。

11. 第一个称皇帝的人是谁？

第一个称皇帝的人就是大名鼎鼎的秦始皇。秦王嬴政骁勇善战，带领军队统一了六国。他认为自己的功德可以和"三皇五帝"相提并论，于是称自己为始皇帝。

12. 明朝第一首辅是谁？

张居正是明朝最著名的内阁首辅。他在政治、经济、军事等多个领域都展现出了卓越的才华和领导能力。他积极推进改革，致力于让国家更富强，无疑是历史上一颗闪亮的明星。

13. "三公九卿"分别指哪些人？

三公九卿制是古代中国的官职制度。三公是丞相、太尉和御史大夫，他们分别负责协助皇帝处理政事、管理军队和监察官员。九卿则是九个不同部门的长官。

14. 什么是九品中正制？

九品中正制是魏晋南北朝时期选官的一种方式。它把人才分成九个等级，从"上上"到"下下"。这个制度由朝廷里的大官们来评定，参考标准有家世背景、才能和品德等。

15. 张骞做了哪些事？

张骞是汉代杰出的外交家。他先后两次出使西域，开通了丝绸之路，从此中国人通过这条通道往外域出售丝绸、茶叶和漆器等，同时从别国引进汗血马、葡萄等，丰富了人们的生活。

1. 中国四大国粹是什么?

国粹是指一个国家文化中的精华,中国四大国粹指的是中国文化的精华,分别是武术、医学、京剧和书法。

2. "留取丹心照汗青"中的"汗青"指的是什么?

古人在竹简上书写,需要将竹片先用火烤去湿,再刮去竹青部分,以便于书写和防虫蛀,称为汗青,这是第一层含义。第二层含义指史册,这一句中的汗青就是指史册。

3. "六亲不认"指的是哪"六亲"?

"六亲"在不同文献中有着不同的分类。《左传》中的"六亲"指的是父子、兄弟、姑姊、甥舅、昏媾和姻亚。《汉书》中的"六亲"指的是父、母、兄、弟、妻、子。

4. "一日不见，如隔三秋"中的"三秋"是指多久？

"一日不见、如隔三秋"中的"三秋"一般指三个季度，也就是九个月。这里并不是特指九个月，而是泛指时间很久，比喻度日如年的心情。

好久不见

5. "烂醉如泥"的"泥"是什么？

"烂醉如泥"指人醉得瘫成一团，扶都扶不住。但是"烂醉如泥"中的"泥"并非指泥土，而是一种长在南海的虫类。这种虫没有骨头，一上岸就会"失水而醉"。

6. "一问三不知"指的是哪"三不知"？

"一问三不知"这个成语最早出自春秋时期的《左传》。现指怎么问都说不知道。"三不知"指的是对事情的起因、经过和结果不清楚、不知道。

起因 经过 结果

三不知

7. 中国古代四大发明指的是什么？

中国古代四大发明有造纸术、指南针、火药和印刷术，都是由中国人发明，然后相继传入世界各地。这四种凝结着古代人民智慧的发明对整个世界都有着巨大的影响。

8. "姓"的起源是什么？

很久以前，人们为了区分家族，就给每个家族起了一个特别的名字，那就是"姓"。有了姓，大家就知道谁和谁是一家人啦！

9. 为什么赵姓排在第一位？

在《百家姓》中，姓氏的排列并非随意而为，而是有着特定的历史背景。《百家姓》编撰于北宋初期。"赵"姓之所以作为首姓，是因为北宋皇帝姓赵，被尊为国姓。因此，"赵"排在第一位。

10. 上古的"八大姓"有哪些？

在上古时候，有八大姓特别有名，它们分别是：姬、姜、姚、嬴、姒、妘、妫和姞。每个姓氏都蕴含着丰富的历史和文化内涵。

11. 清朝的皇帝姓什么？

清朝的皇帝们都姓一个特别的姓氏——爱新觉罗。从努尔哈赤开始，一直到末代皇帝溥仪。

12. 中国姓氏中笔画最多的是哪个？

中国姓氏众多。其中，笔画最多的姓是"爨"，共有30笔。这个字的本义指烧火做饭，故古代称厨房为"爨室"。爨姓最早见于记载的是东汉末期的爨习。

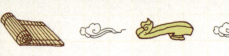

13."豆蔻年华"指多少岁？

豆蔻是一种在初夏时节开花的植物，常被用来指代女子十三四岁的青春年华。这一时期也被称为"豆蔻年华"，象征着纯真而美好的少女时代。

14.什么是"而立之年"？

古代的"而立之年"，指的是人到三十岁可以自立的年龄。后来，"而立之年"这个词就成了三十岁的代称，形容一个人到了三十岁这个重要的人生节点。

15."不惑之年"是指多少岁？

"不惑之年"指的是四十岁。来源于《论语·为政》中的"四十而不惑"，意思是人到了四十岁遇到事情能明辨事理而不致疑惑。

16. "花甲"指的是多少岁？

"花甲"指的是六十岁。花甲之年的"甲"源自我国古代用天干地支纪年的传统，六十年为一甲子，故称六十岁为花甲之年。

17. "古稀"指的是多少岁？

"古稀"指的是七十岁。在古代，由于医疗条件落后，人的平均寿命较短，能够活到七十岁的人很稀少，因此被认为是"古来稀"。

18. "耄耋"指的是多少岁？

"耄耋"泛指年纪很大的人，尤其是八九十岁的老人。这个词出自汉代曹操《对酒》："人耄耋，皆得以寿终。恩泽广及草木昆虫。"

19. 古代皇帝为何自称"寡人"？

在古代，皇帝自称为"寡人"，意为"寡德之人"，是一种自谦的表达。同时，"寡人"也暗示了皇帝在拥有至高无上的权力的同时，也承担着重大的责任。

20. 为什么用"膝下"指幼儿？

"膝下"代指幼儿，源自子女幼时常依偎在父母膝下，表达亲密无间和依赖的情感。后来，"膝下"也可以借指父母，表示子女对父母的敬爱之情。

21. 皇帝为什么被称为"天子"？

古人认为天有意识，能够选择并赋予特定的人统治天下的权力。皇帝被称为"天子"，意指其为天命所归，是天的儿子，拥有代天行道的神圣权力。

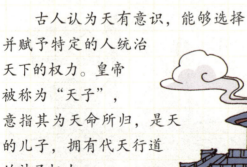

22. 为什么用"桃李"指学生？

桃树和李树在春天开花，在秋天结果，象征着教育的成果和收获。在古代，人们常常用桃李来比喻培养出来的优秀人才。

23. 古代读书人家为什么被称为"书香门第"？

古代的读书人会把芸香草夹在书页中。芸香草的气味能驱虫，又能醒脑，深受读书人的喜爱。后来，人们形容读书人有"书香气"。上辈有读书人的人家被称为"书香门第"。

24. "士"指的是什么群体？

"士"在古代是知识分子和官僚的统称，代表着儒家文化和道德修养，是社会精英和文化传承的中坚力量。士一般都在朝廷为官，有着一定的政治贡献。

25. "庶民"指的是什么人？

"庶民"指普通百姓。庶代表众多，民就是老百姓。庶民一般以土地为生，农耕是他们最主要的谋生方式。

26. 为什么皇帝的脸被称为"龙颜"？

在古代，皇帝被认为是龙的化身，因此用"龙颜"来指代皇帝的面容，既表达了对皇帝的尊敬，也暗示了其神圣不可侵犯的地位。

27. 中华饮食文化的巅峰之作是什么？

现在广为流传的一种说法是满汉全席，起源于清朝，集满族与汉族菜点的精华，是中国的一种传统宴席，是中国菜系中的瑰宝和最高境界。

28. 中国的国色是什么?

很多人认为我国的国色是中国红。自古以来，红色在中国就代表了喜庆，人们逢年过节喜欢穿红色的衣服，以求一年红红火火。红色是中华民族最具代表意义和象征意义的颜色。

29. 中国的国花是什么?

目前我国还没有明确的国花，现在呼声较高的是梅花和牡丹。清朝时期，我国曾以牡丹作为国花。民国时期，我国曾以梅花作为国花。

30. 凤凰的雅称是什么?

凤凰是中国古代神话中的神兽组合，象征着祥瑞。它们的雅称包括：凤皇、凤鸟、丹鸟、火鸟、鹍鸡、鸷鸶、朱鸟、丹凤、鸾凤、飞凤和玄凤等。

31. 海的雅称有哪些?

海在古代的雅称十分丰富,常见的有天池、溟涨、巨壑、大壑、水王、东洋、朝夕池等,这些雅称在古代文献中频繁出现。

32. 月亮的雅称有哪些?

月亮的雅称有:玉兔、夜光、素娥、冰轮、玉轮、玉蟾、桂魄、蟾蜍、顾兔、婵娟、玉弓、玉桂、玉盘、玉钩、玉镜、冰镜、广寒宫、嫦娥、玉羊等。

33. 中国传统节日有哪些?

中国传统节日承载着千年的历史与深邃的文化,春节、元宵、清明、端午、七夕、中秋、重阳等传统节日,都是中华文化不可或缺的瑰宝。

34. 雅人四好都有什么？

雅人四好也称为文人四友，分别指琴、棋、书、画。其中琴是指古琴；棋专指围棋；书指书法；画则指国画。它们是古时候风雅人士修身养性的艺术爱好。

35. 中国古代四大美女都有谁？

古代四大美女指西施、王昭君、貂蝉和杨玉环。古代用"沉鱼落雁，闭月羞花"形容四大美女。"沉鱼"指西施浣纱的故事；"落雁"指昭君出塞的故事；"闭月"指貂蝉拜月的故事；"羞花"指杨贵妃观花的故事。

36. "五毒"指的是哪五毒？

中国传统文化中的五毒是指蝎子、蜈蚣、壁虎、毒蛇和蟾蜍。古人会在五月把五毒制成符挂在身上或将五色线比作五毒系在手腕上以毒攻毒，招迎福神，寓意平安。

37. 中国八大古都是哪些城市？

中国八大古都指的是由中国古都学会通过，并经国内史学家承认的古代都城，分别是西安、洛阳、北京、南京、开封、安阳、杭州以及郑州。

38. 世界四大文明古国都是哪些国家？

世界四大文明古国分别是古埃及、古巴比伦、古印度和中国。而四大文明古国中文化没断流，从始至终传承下来的只有中国。

39. "八拜之交"指哪些？

"八拜之交"指的是管鲍之交、知音之交、刎颈之交、舍命之交、胶漆之交、鸡黍之交、忘年之交和生死之交。"八拜之交"被世人尊为交朋友的楷模。

40. 为什么投降要举白旗？

有的学者认为，以举白旗为投降的标志起源于秦朝。秦人以黑色为"国色"，用来代表胜利，秦末刘邦进取关中，秦王子婴穿着与胜利颜色相反的白色衣服，代表投降。

41. "人有三急"是哪三急？

"人有三急"指人体生理方面，分别是尿急、便急和屁急。这三急是人在日常生活中最常出现的情况，对于健康和生活质量有着重要的影响。

42. "三姑六婆"分别指哪些人？

"三姑六婆"中的"三姑"指的是尼姑、道姑和卦姑，而"六婆"指的是牙婆、媒婆、师婆、虔婆、药婆和稳婆。旧时三姑六婆往往借其身份干坏事，因此常用以泛指不务正业、行为不端的妇女。现在用于表示市井女性。

1. "门当户对"是什么意思？

"门当户对"是一种婚姻等级观念，它指的是结亲的男女双方，家庭的社会地位、经济状况相当。在唐代，这个观念是中国人婚姻嫁娶的重要衡量标准。

2. 结婚为什么又称为"秦晋之好"？

春秋时期，秦、晋是两个相邻的大国。晋献公将自己的女儿嫁给了秦穆公。后来两国虽有矛盾，但还是一再联姻，后人就将两家联姻称为"秦晋之好"或"互结秦晋"。

3. 古代人见面怎么打招呼？

古代人日常见面时通常会拱手作揖，这是一种表示尊敬的礼节。拱手礼又叫作揖、揖礼，是古代最常见的见面礼节之一，通常用于同辈之间或下级对上级的见面礼。

4. 古代不同身份的人怎样打招呼?

在古代，不同身份的人打招呼的方式也有所不同。比如，文人官员之间会互相作揖，而武士之间则会抱拳行礼，臣民在面见皇帝的时候都要行跪拜礼。

5. 冠礼是指什么?

冠礼起源于周代，是古代汉族男子二十岁时举行的大礼，就像现在的成人礼。男子通过冠礼，戴上成人的帽子，表示他已经成人，可以承担家庭和社会的责任了。

6. 皇帝的女儿为什么叫"公主"?

古代早期，皇帝的女儿下嫁时，有时皇帝并不亲自主婚，而让"三公"，也就是古代有较高地位的三种官职的人，为皇帝的女儿主婚，后来就称皇帝的女儿为"公主"。

7. 为什么皇帝的女婿叫"驸马"？

在汉代，驸马都尉是一种官职，主要负责皇帝的车马事务。后来，有的公主嫁给了驸马都尉，而皇帝女婿常常被授予这个官职。魏晋以后，皇帝的女婿照例加此称号。于是，"驸马"就成为皇帝女婿的代称。

8. "千金"为什么指代女儿？

在古代，"金"是一种货币单位，千金就是很多贵重的钱财，所以古人使用千金来表示那些富贵人家的女孩子。后来，这个称呼也逐渐适用于所有百姓家的女儿。

9. 五福临门是哪"五福"？

《尚书·洪范》记载的五福是寿、富、康宁、攸好德、考终命。寿指长寿，富是富贵，康宁是健康，攸好德代表仁善，考终命意思为善终。

10. 春节定为农历正月初一是从何时开始的？

汉武帝时期，推行了《太初历》，基本确定了农历的框架，把正月恢复到夏历中春天的第一个月，将孟春正月初一定为岁首，而这一天，就是大年初一。

11. "春节"这个名字是什么时候确定的？

春节在古代叫"上日""元日""改岁""三朝""元旦""元""岁日"等。民国时期，采用公历纪年，将公历1月1日称为"元旦"，农历正月初一改称为"春节"。

12. 春联是怎样演变来的？

古人在正月初一的时候会制作桃符，用来驱鬼避邪，后来就开始在桃木板上写字，又在宋代将桃木换成更加方便书写的红纸张。直到明代，桃符才正式演化成春联。

13. 两兄弟的妻子为什么叫作"妯娌"？

古代成排成栋的小居室叫作"筑里"，女性常因家务在"筑里"久留，这个词就成了兄弟俩妻子的代称。随着语言的发展，"筑里"演变为更具女性意味的"妯娌"。

14. 两姐妹的丈夫为什么叫作"连襟"？

"襟"指衣服前胸部分，"连襟"就是衣服之间相连接。宋朝名臣洪迈为感谢妻子姐夫的帮助，写下"襟袂相连"来表达和妻子姐夫的情谊。于是，"连襟"成了特指两姐妹的丈夫之间的互相称谓。

15. "洞房花烛夜"的由来是什么？

相传，尧亲临牧区问苦，偶遇了手持火种的鹿仙女，两人一见钟情，结为夫妻。他们在姑射仙洞完婚，傍晚时分，洞顶突然燃起一簇神火。这就是"洞房花烛夜"的传说。

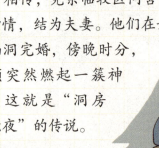

16. "嫁妆"和"聘礼"有什么区别？

"嫁妆"是指女子出嫁时，从娘家带到丈夫家去的衣被和家具等，通常代表着女子的出身和地位。"聘礼"则是指新人结婚之前，男方赠予女方作为约定婚姻的财物。

17. 古代有没有"闪婚"的现象？

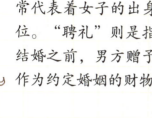

在古代，大户人家的千金小姐会通过抛绣球的方式选择丈夫。这种方式虽然看似随机，但实际上参与者往往都是经过精心挑选的。

18. 农历的十二月为什么叫"腊月"？

"腊"是古代祭祀祖先的"祭"名，南北朝时期，有在十二月初八日猎杀禽兽举行大祭的仪式，被称为"猎祭"。因"腊"与"猎"通假，"猎祭"写成"腊祭"，所以十二月就被叫作腊月。

19. 农历一月为什么称为"正月"?

正月,是中国传统新年的第一个月。汉武帝颁行《太初历》之前,每个朝代所规定的新年的第一个月是不同的。夏朝的夏历把一月作为正月,现在用的就是夏历,也叫农历。

20. 为什么端午节和屈原有关?

屈原在秦军攻破楚国都城时投江自尽。人们为了保护屈原的遗体不被水中的鱼蛟吞食,于是往江中投放大量食物,以求吃饱了的鱼蛟等江中动物放过屈原的遗体。

21. 中秋节为什么要赏月?

中秋节赏月起源于古代一种拜月的祭祀仪式,后来这种习俗逐渐流传到民间,形成了中秋赏月的传统。

22. 七夕节是怎么来的？

七夕节，又称为乞巧节。"七夕"最早来源于人们对自然天象的崇拜。早在《诗经》中，人们就对牛郎星、织女星有所认识，这种对星宿的崇拜后来逐渐演化为节日。

23. 你知道"拜年"这个习俗的由来吗？

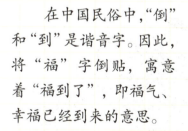

据传，大年三十人们为了躲避年兽，选择躲在家里。直到第二天一早出门，互相拜访，恭贺道喜，后来逐渐有了拜贺新年的习俗。

24. "福"字为什么要倒着贴？

在中国民俗中，"倒"和"到"是谐音字。因此，将"福"字倒贴，寓意着"福到了"，即福气、幸福已经到来的意思。

25. "年糕"是怎么来的?

据传,伍子胥用糯米制成的"城砖"做城基,后来吴国遭遇越国围攻,城内粮食短缺,人们便挖出这些糯米"城砖"充饥。以后,每逢过年家家户户都做这种食物来纪念伍子胥。

26. 古代有哪些关于"长寿"的食品?

茯苓能增强免疫力,提高巨噬细胞的吞噬功能,《神农本草经》将其列为上品,称其"久服,安魂养神,不饥延年"。枸杞在古代食疗中也极为常见。

27. "五谷丰登"与农业习俗有什么关系?

古代农村地区的人们会组织盛大的丰收游行和祭典。游行队伍装扮成五谷的形象,载歌载舞地巡游,展示农田的丰收成果。

28."腊八节"有什么习俗？

相传，腊八节是佛教创始人释迦牟尼成道的日子，即农历十二月初八。佛教传入中国后，各寺院在腊八这天举行法会，用香谷和果实等煮粥供佛。

29."筷子"为什么被认为是吉祥之物？

筷子的"筷"字与"快"字谐音，因此在喜庆的场合中，人们常常会用筷子作为吉祥物。此外，筷子还有"快生贵子""五子登科"等吉祥寓意。

30.为什么要在小年送灶王爷？

据传，灶王爷负责记录人们的善恶行为，每年的小年上天向玉皇大帝汇报。人们通过祭灶的仪式希望灶王爷在上天述职时能多说好话，为自家带来好运和吉祥。

31. 为什么年夜饭上常有鱼？

年夜饭吃鱼最直接的寓意就是"年年有余"。在中华文化中，"鱼"与"余"谐音，寓意家庭在新的一年里能够富裕、有余粮、有余财。

32. 春节时为什么要放鞭炮？

古人相信鞭炮的爆炸声能够吓退凶神恶灵和"年兽"，从而保护家人平安，避免灾祸的发生。

33. 古人为什么喜欢在元宵节时赏花灯？

汉武帝在元宵之夜于宫中燃灯祈福，于是，这一习俗逐渐在民间流传开来。唐代，元宵节赏花灯的活动达到了鼎盛，民间纷纷制作各式各样的花灯，竞相展示。

1. 被称为"亚圣"的是谁?

孟子是中国古代著名的思想家、教育家,战国时期儒家代表人物,著有《孟子》。他继承并发扬了孔子的思想,成为仅次于孔子的一代儒家宗师,有"亚圣"之称。

2. 谁是道家的创始人?

老子,名李耳,字伯阳,后人称其为"老子",河南周口鹿邑人,古代伟大的哲学家和思想家,是道家学派创始人,晚年写成了五千言的《道德经》。

3. "庄周梦蝶"带来了什么启示?

"庄周梦蝶"是说庄周梦见自己变成了蝴蝶,醒来后分不清自己是庄周还是蝴蝶。这个故事探讨了现实与梦境的界限,表达了对人生变幻无常的哲学思考。

4. 谁是法家思想的集大成者?

韩非子生于战国时代，师从荀子，但思想观念却和荀子大不相同，他没有继承儒家的思想，而是继承发展了法家思想，成为战国末期法家思想的集大成者。

5. 谁是墨家学派的创始人?

墨子名翟，又称墨翟，鲁国人。墨子是我国战国时期著名的思想家、教育家、军事家，墨家学派的创始人，创立了墨家学说，并有《墨子》一书传世。

6. 什么是"中庸"?

中庸是指在面对复杂事物时精确把握其分寸。"中庸"强调的是超过和不足都不可取，做什么事都要在"过"与"不及"之间找到平衡点。

7. "竹林七贤"指哪七位?

"竹林七贤"是中国魏晋时期的七位名士,包括嵇康、阮籍、山涛、向秀、刘伶、王戎、阮咸。他们常聚在当时山阳县的竹林中,饮酒作诗,强调个性解放。

8. "诸子百家"是什么意思?

诸子百家是春秋战国各个学派的总称。诸子指各家的代表人物,也指他们的代表作;百家是各学派。他们生活在先秦时期,所以又称为先秦诸子。

9. 被尊称为"东方兵学的鼻祖"的是谁?

孙武,字长卿,后人尊称其为孙子、孙武子、兵圣、百世兵家之师、东方兵学的鼻祖,是中国古代著名军事家。著有巨作《孙子兵法》,并被后世兵法家推崇。

10.《黄帝内经》和黄帝有什么关系？

《黄帝内经》不是黄帝写的，而是后人托黄帝的名所写。《黄帝内经》是我国影响极大的一部医书，是我国现存医书中最早的典籍之一，也是我国传统医学四大经典之首。

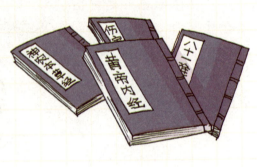

11."执子之手，与子偕老"出自《诗经》吗?

《诗经》在先秦称《诗》或《诗三百》，汇集了从西周初年到春秋中期500多年的诗歌305篇。"执子之手，与子偕老"就出自《诗经·邶风·击鼓》。

12."文章西汉两司马"分别指的是谁?

西汉文坛的文学形式主要是散文和赋。当时散文以司马迁成就最高，赋以司马相如成就最高，所以后人有"文章西汉两司马"一说。

13. "初唐四杰"是指哪四位诗人？

从唐高宗到武后初年，中国文坛上出现了四颗新星：王勃、骆宾王、杨炯、卢照邻，世称"初唐四杰"，是初唐文坛上新旧过渡时期的人物。

14. 谁排在"唐宋八大家"之首？

"唐宋八大家"有韩愈、柳宗元、苏洵、苏轼、苏辙、欧阳修、王安石、曾巩。由于韩愈是唐朝古文运动的倡导者，后人推他为"唐宋八大家"之首。

15. "元曲四大家"都有谁？

"元曲四大家"指的是关汉卿、马致远、郑光祖、白朴四位元朝杂剧作家。四人代表了元朝不同时期、不同流派杂剧创作的成就，因此被称为"元曲四大家"。

16.《红楼梦》的后四十回是谁写的？

《红楼梦》曾被评为中国最具文学成就的古典小说，被认为是"中国四大名著"之首。关于《红楼梦》后四十回，较为普遍的说法是由高鹗续写。

17. 中国第一部编年体通史是哪部作品？

《资治通鉴》共294卷，记载了从公元前403年一直到公元959年的历史。这部作品是北宋司马光编写的长篇编年体史书，也是中国第一部编年体通史。

18."春秋三传"指的是哪三部作品？

《左传》是中国第一部较为完备的编年体史书，相传是春秋末期的史官左丘明为解释孔子的《春秋》所著。它与《公羊传》《穀梁传》合称"春秋三传"。

19. 古代小学生学什么呢？

作为启蒙教育，古代小学主要是识字、写字、习经史、学六艺。当时的识字教材一般是《三字经》《百家姓》《千字文》《千家诗》等，简称"三百千千"。

20.《千字文》是指文章有1000个字吗？

《千字文》是南朝梁武帝命人从王羲之的书法中挑选出1000个字，由周兴嗣编成的儒学理论穿插常识内容的韵文。全文是用四字韵语写的，可供孩童边识字边临摹王羲之的书法。

21. 古代第一个进行"胎教"的人是谁？

据《史记》记载，古代第一个对孩子进行胎教的是周文王的母亲太任。到了汉朝，各种书籍中出现了大量胎教的内容，初步形成了胎教理论。

22. 在竹简上写错字了怎么办?

竹简有一定的厚度。古人如果发现写错了字,一般会使用小刀或其他尖锐的工具将错字刮去,这样就可以在原来的位置上重新书写正确的字了。

23. 为什么古代人用"诗"表达情感?

在古代社会,由于伦理观念和价值观的束缚,很多情感都被压抑或遮掩。诗歌则成为表达喜怒哀乐,爱恨情仇的重要途径。

24. 古代人怎么学习汉字?

古代人有类似拼音的注音方法,如反切法。例如,"练"字可以注为"郎甸切",取"郎"字的声母"l",取"甸"字的韵母"ian"以及声调。

25. 古人是用"字帖"学习书法的吗？

书法字帖是供人临摹的书法范本。古人先是将字帖放在比较透明的习字纸下，用笔照着字帖上透出来的字描写，熟练后将字帖放在旁边，照着字帖写。

26. "打油诗"是谁开创的？

打油诗是旧体诗的一种，内容和词句通俗有趣，不拘束于平仄韵律，相传是唐朝人张打油开创的，后人就将这类用语朴实、诙谐幽默的诗歌称为"打油诗"。

27. 为什么称李白为"诗仙"？

李白的诗歌颂游侠仙道，想象力丰富，浪漫非凡。贺知章读过《蜀道难》后，赞其为"谪仙人"。自此，李白便被誉为"诗仙"，名扬四海。

28. 什么是章回体小说?

章回体小说是中国古典长篇小说的主要形式。其特点是分为若干章节，称为"回"，一回叙述一个完整的故事段落。著名的作品有《三国演义》《水浒传》等。

29. 中国第一部纪传体史书是什么?

西汉司马迁的《史记》是中国第一部纪传体史书，从黄帝时代写到汉武帝时期。纪传体是一种通过记叙人物活动来反映历史事件的体裁。

30. 古代儿童入学前会有仪式吗?

"开蒙礼"是古代"人生四大礼"之一，也是人生第一礼，源于古代私塾教育入学的礼教仪式。儿童开始识字、学习礼俗前都要"破蒙"。

31. 古代几岁能上学？

古代对学生的入学年龄要求一直在变化。唐朝六七岁的儿童就可以进"小学"，明朝规定"八岁以上、十五岁以下，皆入社学"。

32. 古代一般什么时候开学？

古代是农业社会，一切活动都围绕着农业展开，学业也是。古人开学的时间一般会选择农闲时间。汉代流行正月农事未起、八月暑退、十一月砚冰冻时开学。

33.《弟子规》的"弟子"指什么人？

这里的"弟子"不是特指某个具体的弟子，而是泛指一切圣贤人的弟子。《弟子规》的作者李毓秀是清朝康熙年间的秀才。

34. 古代有"小升初"吗？

在古代，没有"小升初"，只有"小升大"，即小学上完直接升入太学、国子监一类的大学。小学一般是七年制或八年制，长的十年制，最短的也要三年。

35. 古时为什么把老师叫"师傅"？

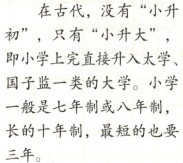

"师傅"一词最早起源于春秋战国时期，源自古代的官名，主要指传授知识和技艺的人。比如，学堂教书的夫子，或是在作坊中传授手工技能的匠人。

36. 古代学生需要穿校服吗？

古代有校服。《诗经》里的"青衿"就是学生的标配。平时穿戴的鞋帽也有要求，比如春秋时戴高高的峨冠，宋朝则戴高而方正的巾帽。

37. 古代有公办学校吗？

古代的公办学校叫官学。学生入官学前，需要考试。入官学前学知识，只能上私塾。私塾分两种，一种叫蒙塾，针对启蒙的儿童；另一种叫经塾，针对已经成年的人。

38. 古代的"博士"是做什么的？

在古代，"博士"代表的是学官名。秦朝其主要充当政治顾问。汉武帝时，开始设置"五经博士"，专门负责经学传授。唐朝设置国子、太学、四门等博士，负责教授官员子弟学问。

39. 古代有"保送生"吗？

明清挑选府、州、县秀才中成绩优异者，直升京师的国子监读书，称为贡生。这个选拔机制通过推荐或保送的方式，因此，贡生可以看作保送生。

40."宋体"是宋朝形成的吗？

宋朝雕版印刷虽盛行，但印刷字体并非宋体，多用唐代的颜体、柳体。"宋体"在南宋逐渐与书法字体脱离，到明代才定型，成为我们今天所知的"宋体"。

41."莽汉"张飞竟然擅长书法？

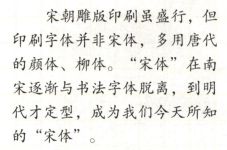

张飞在人们眼里是莽汉文盲，但张飞不仅是勇猛武将，还是书法高手。他在四川渠县留下了书法作品《八濛山铭》，是他战胜张郃后在八濛山刻下的石碑。

42."九宫格"是哪位书法家引入书法练习的？

"九宫格"是古代就有的一种结构构造方案，欧阳询将它引入书法练习。练字时，有了"九宫格"的辅助，我们能够对照碑帖的字形给点画安排合适的部位。

1. 中国最古老的古琴谱集是什么？

《神奇秘谱》是我国现存最早的古琴谱集，由明太祖之子朱权依据各类琴曲编选而成，分为上、中、下三卷。它是研究古代琴曲的重要文献，有很高的史料价值。

2. "五音不全"是指哪五个音？

"五音不全"中的"五音"指的是中国古代五声音阶中的五个基本音级，它们分别是宫、商、角、徵、羽。

3. "宫、商、角、徵、羽"在古代音乐中代表什么？

"宫、商、角、徵、羽"起源于距今 2600 余年的春秋时期，分别对应着五行和方位（中、西、东、南、北）。它们在古代音乐中类似于西方音乐中的 Do、Re、Mi、Sol、La。

4. 编钟为什么是古代音乐的瑰宝？

　　编钟的起源最早可追溯到商代晚期。它是古代大型打击乐器，不仅要求铜、锡等金属原料配比精确，还需要经过铸造、调音、打磨等多道工序。

5. "琵琶"的名字是怎么来的？

　　"琵"和"琶"原是两种弹奏技法的名称，其中"琵"指的是右手向前弹，而"琶"则是右手向后挑。后来，人们便以"琵琶"来命名这种乐器。

6. "琴棋书画"中的"琴"指的是哪种乐器？

　　"琴棋书画"中的"琴"指的是古琴。古琴是中国最古老的乐器之一，有着约3500年的历史，是我国最早的弹拨乐器之一。

7. 二胡起源于什么时候？

二胡的起源可以追溯到唐朝甚至更早，是中国传统音乐中历史最为悠久的拉弦乐器之一。其与西域的胡琴密切相关。

8. "丝竹之音"指的是什么？

"丝"通常指的是弦类乐器，如古筝、二胡、琵琶等，它们都是用丝线或类似材料制成的弦来发声的。"竹"则是指管乐器，如笛子、箫、笙等。

9. 古代音乐有没有"即兴演奏"？

古琴即兴演奏有着悠久的历史。《吕氏春秋》中记载了古琴家伯牙通过即兴演奏表达内心情感的故事，说明在先秦时期，古琴即兴演奏就已经存在并受到重视。

10. "雅乐"和"俗乐"有什么区别？

雅乐是指典雅纯正的音乐，是一种中国古代宫廷音乐，具有庄重、肃穆的特点。俗乐是当时流行的民间音乐，反映了广大人民的真切情感。

11. "高山流水"与音乐有什么关系？

"高山流水"既是中国古琴曲，也是伯牙和子期情谊的象征。伯牙是春秋时期著名的琴师，当他在江边弹奏时，樵夫钟子期能够通过他的琴声理解高山与流水的意境。

12. 古人为什么喜欢听戏曲？

古人的娱乐方式相对匮乏。戏曲作为一种集音乐、舞蹈于一体的艺术形式，通过其丰富的表演形式和引人入胜的故事情节，为人们带来了欢乐。

13. 古代戏曲里有"超级英雄"吗?

戏曲中的武生主要扮演勇猛战将,他们武艺高强,常常在舞台上展现出超凡的武打动作和英勇的战斗精神,与现代影视作品中的超级英雄有异曲同工之妙。

14. 戏曲里有哪些行当?

戏曲中的"生、旦、净、末、丑"是五大基本行当,分别代表男性角色、女性角色、性格粗犷或特定形象、次要男性角色及幽默或反派角色。

15. 哪些戏曲是用方言唱的?

许多戏曲种类都是用方言来演唱的,比如川剧以四川方言为基础,充满了地道的四川风味。豫剧以河南方言演唱,具有浓郁的中原文化特色。

16. 棋类的鼻祖是什么？

围棋，又称为"弈"，在中国有着超过2500年的历史，是棋类中的鼻祖。玩家在棋盘上用黑白两色的棋子进行对弈，目标是围住对方棋子，占领更多领地。

17. 古代人最早用什么写字？

古人巧妙地利用自然界中的资源，将文字刻写在兽骨和石头上。此后，竹简和木简因为轻便易得、便于携带和保存，成为古代人广泛使用的书写材料。

18. "造纸术"为什么是中国古代伟大的发明？

造纸术的发明，使得纸张成为主要的书写材料，它轻便、易得、成本低廉，极大地推动了书写材料的变革，因此书籍的制作变得更加便捷和便宜。

19. "活字印刷术"是谁发明的?

"活字印刷术"是由北宋时期的毕昇发明的。他使用胶泥等材料制成单个反文字模，即活字，这些活字可以灵活组合，重复使用，大大提高了印刷效率。

20. 古代都有哪些字体?

"篆书""隶书""楷书""行书""草书"是汉字的不同字体。篆书古朴凝重；隶书方正平直；楷书规范易认；行书流畅自然；草书奔放洒脱。

21. "成语"是怎么来的?

成语大多来源于古代的历史故事、寓言、传说等，言简意赅、富有哲理，在书写工具不便的情况下可以提高交流的效率。

22. "印章"在古代有什么作用？

印章在古代用于证明文件的真实性和合法性。印章的形制和印文，也反映了持章人的身份与地位。秦代建立了严格的玺印制度，明确区分了皇帝与臣民的印章称谓。

23. 什么是"甲骨文"？

殷墟出土的甲骨文，即刻在龟甲兽骨上的文字。甲骨文，具有对称、稳定的格局，已具备书法的三个要素，即用笔、结字、章法。

24. 大篆和小篆有什么区别？

秦始皇统一六国前的所有文字统称为大篆，包括甲骨文、金文、籀文、古文等。秦统一后，统一官体标准文字为秦篆。后人为了区分秦以前的文字，把秦篆称为小篆。

秦篆＝小篆

25. 书法史上的"书圣"是谁?

王羲之,生于书法世家,因官至右军将军,被称为"王右军"。他改革了汉魏的质朴书风,将书写从实用提升到注重技法和情趣的新境界,有"书圣"之美誉。

26. 毛笔是谁发明的?

相传,毛笔是秦朝大将蒙恬发明的。事实上,出土的文物已经证明毛笔远在蒙恬造笔之前很久就有了。但蒙恬作为毛笔制作工艺的改良者,功不可没。

27. "文房四宝"是哪四宝?

"文房四宝"是中国独有的书法和绘画工具,分别是笔、墨、纸、砚。北宋以后,宣纸、湖笔、徽墨、端砚成为文房四宝中的精品。

28."天下行书前三甲"指的是什么？

王羲之的《兰亭序》、颜真卿的《祭侄文稿》和苏轼的《寒食帖》，被后人誉为"天下三大行书"。它们都是即兴之作，也是最有力的真情之作。

29."初唐四家"指的是哪四位书法家？

唐代，楷书进入了成熟期，出现了许多楷书大家，如"初唐四家"欧阳询、虞世南、褚遂良、薛稷。

30.中国画用的是什么纸？

中国画用纸主要是宣纸、皮纸和绢等。宣纸又分为生宣纸、熟宣纸、半生半熟宣纸三种。熟宣纸是将生宣纸用一定比例配制的胶矾水刷制而成，不吸水，适合工笔画。

31. 吴道子为什么被尊称为"画圣"？

吴道子擅长山水花鸟、桥梁房舍等。他初创白描法，又创山水"疏体"，使山水画成为独立画种。因在绘画上成就卓越、影响深远，吴道子被称为"画圣"。

32. 中国现存最早的山水画是哪幅？

绢本《游春图》如今已经有 1400 年历史，是中国绘画史上第一幅独立的山水画卷。作者展子虔采用俯视法取景，人物、山水之间层次分明，标志着山水画趋于成熟。

33.《清明上河图》有哪些版本？

《清明上河图》的版本数量非常多。据资料统计，现存世的《清明上河图》有50多种不同版本。常见的三大版本是宋代张择端本、明代仇英本、清代画院本。

34.《千里江山图》是谁画的？

《千里江山图》由宋代王希孟所画，长达12米，代表了北宋青绿山水画的巅峰。经过多次涂抹渲染，在画心背面也上色衬托。因此，千年以后依然保持浓翠鲜艳。

35. 古代人为什么要学武术？

古代的医疗条件有限，人们通过锻炼身体增强体质，武术因此成为一种重要的健身手段。另外，由于古代社会动荡不安，人们需要学武术以自卫。

36. 古人真的会"轻功"吗？

轻功是中国传统武术中一种真实存在的功法，它并不能使人的体重变轻，但可以大幅度提高奔跑、跳跃能力，并可以短暂站立或行动于不可承重的物体之上。

37. "武林盟主"是真实存在的吗?

古代生活中,虽然存在武术和武林的概念,但并没有像武侠小说中所描述的那样,有一个统一的、公认的"武林盟主"来领导整个武林。

38. "南拳北腿"是指什么?

"南拳北腿"代表了中国南北不同地域的武术风格。南方多用拳法,包括少林桥手、五祖拳、鹤拳等;北方多用腿法,如洪拳、潭腿等,特点是拳脚并用。

39. "少林功夫"为什么能闻名于世?

少林功夫距今已有1500多年的历史。明清时期,少林功夫得到了广泛的传播和发展,如今少林功夫已经走向世界,成为连接中外文化交流的桥梁和纽带。

40."内力"是真实存在的吗？

从科学角度来看，我们无法直接观测到"内力"的存在，也无法通过科学实验来验证其真实性，它更像是一种文化想象和虚构的产物。

41."十八般武艺"指的是什么？

据《五杂俎》中记载，"十八般武艺"为：一弓、二弩、三枪、四刀、五剑、六矛、七盾、八斧、九钺、十戟、十一鞭、十二锏、十三挝、十四殳、十五叉、十六耙头、十七绵绳套索、十八白打。

42.古代皇帝会学习武术吗？

皇帝作为一国之君会学习武术，因为他的安全直接关系到国家的稳定。因此，学习武术可以增强皇帝的自我保护能力，必要时能够亲自上阵指挥或参与战斗。

43. 中国武术包含哪些流派？

中国武术发展至今已然形成了极为丰富的体系，其中广为人知的包括武当派、少林派、峨嵋派等名门大派，以及太极拳、八卦掌、形意拳、南拳等极具特色与影响力的拳种。

44. 武当派武术起源于什么时候？

武当派武术起源于元末明初，盛行于明末清初。武当拳的风格特点鲜明，其中"以静制动，以柔克刚"便是其核心理念之一。

45."剑走偏锋"和武术有什么关系？

"剑走偏锋"是指剑客在战斗中选择剑刃的侧面或非常规的路径进行攻击。在武术中，这种偏锋剑法需要极高的技巧和判断力，因为它打破了常规的攻击模式。现在一般用来指不用常规的方法解决问题。

46. 古代的足球起源于什么时期？

蹴鞠，也就是古代的足球，起源于春秋时期。它不仅是体育运动，也是一种社交活动。蹴鞠玩法多样，可以踢来踢去，也可以是有一定规则的竞技比赛。

47. 古人有"奥运会"吗？

古人有类似于现代奥运会的体育活动。敦煌壁画中描绘了多种体育运动，包括游泳、舞剑、双尾帆船、射箭、马术、武术、摔跤等。

48. 赵匡胤擅长"花式足球"吗？

赵匡胤的球技十分有名，尤其擅长白打，现在人们通常称之为"花式足球"，踢球时可以头、肩、背、腹、膝、足等部位接触球，灵活变化，随心所欲。

49. 中国女子足球出现于哪个朝代？

唐代开始出现女子足球。女子的踢法是不用球射门，是以踢高、踢出技巧花样为佳，称为"白打"。宋代不仅有女子足球，而且有的女子踢球技术还很高超。

50. 古代有踢球的俱乐部吗？

宋代出现了一些专供市民和军卒休闲、娱乐的游艺场所——瓦舍。在瓦舍的基础上，产生了类似运动俱乐部或运动协会的团体——"社"。"圆社"就是蹴鞠组织。

51. 中国最古老的游乐园出现在什么时候？

早在1000多年前的大宋，就已经有类似游乐园的地方，比如《武林旧事》中记载的杭州蒋苑使园圃，设置了"标竿、射垛，及秋千、梭门"等。

52. "斗百草"是什么娱乐活动？

"斗百草"起源于端午习俗。端午踏青归来，大家带回采摘的花草，进行武斗或文斗。孩童大多选择武斗，用采回的花草互拉，断的就输了。

53. "飞花令"有什么规则？

飞花令是酒令中的"雅令"，得名于唐代诗人韩翃的名诗《寒食》中"春城无处不飞花"一句。行飞花令时可选用诗、词、曲中的句子，但选择的句子一般不超过7个字。

54. 投壶游戏是什么时候出现的？

投壶是中国古代士大夫宴饮时的投掷游戏。从先秦时期延续至清朝末期，这种游戏起源于射礼。

1. "汉服"是指汉朝的服饰吗？

"汉服"不是指汉朝的服饰，而是泛指汉族的传统民族服饰，也是世界上最悠久的民族服饰之一。汉服主要由衣衫、裙、裤、袍、袴组成。

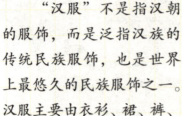

2. 古代是什么时期流行穿裤子的？

魏晋南北朝时期，北方胡族南下，中原汉人开始向游牧民族学习，大规模穿上了裤子。那时裤褶装学习北方胡人衣着，实行上衣下裤。

3. 明代的男子喜欢穿"裙子"吗？

中晚明时期，北京城内很流行穿一种从朝鲜传来的"马尾裙"。明宪宗成化年间，明宪宗喜欢穿袍裙，上行下效，于是朝廷重官大员们也纷纷跟风穿裙子。

4. 清朝官员的帽子为什么要插一根"羽毛"？

清朝官员的帽子后插一根羽毛，这根羽毛称为"花翎"或"蓝翎"。"花翎"的级别（单眼、双眼、三眼）反映了官员的功勋和地位。

5. 清朝皇帝的龙袍上有几条龙？

清朝皇帝的龙袍是明黄色的，上面绣着九条金龙。龙袍的前胸、后背和两肩各一条；前后衣襟各两条；衣襟里面还有一条。

6. 古人是"一日三餐"吗？

秦汉以前，人们固定一天的饮食时间，讲究一日两餐，分别是"朝食"和"铺食"。宋代，"一日三餐"的饮食习惯突破了阶层限制，逐渐流向民间。

7.古代没有冰箱是怎样保存食物的？

冰鉴是冰箱的始祖，古代暑天用来盛冰并放置食物的容器。箱体两侧设提环，顶上有盖板，上开双孔，既是把手，又是冷气散发口。既能保存食品，又能散发冷气。

8.原始社会有米饭吃吗？

早在中国的原始社会，水稻就已出现。中国目前发现的新石器时代水稻遗存有多处，湖南道县玉蟾岩遗址、江西万年仙人洞中的水稻遗存已有1万年以上。

9.古人什么时候吃上了面条？

东汉时期已经有了中国面条的雏形，当时统称为饼，因面条要在"汤"中煮熟，所以又叫汤饼。宋元时，面条品种达十多种，还出现了最早的"挂面"。

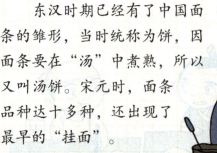

10. 唐朝能吃到西红柿炒蛋吗?

不能，西红柿、土豆都是美洲作物，基本都是明清时期通过海运从东南沿海传入我国，甚至到民国时才真正成为家常菜肴。

11. 宋徽宗是怎样实现"荔枝自由"的?

宋徽宗整体移栽荔枝树，命人将荔枝树栽入盆中运输到开封，在宣和殿前精心培育，有少量荔枝成功开花结果，宋徽宗因此实现了"荔枝自由"。

12. 古人是如何吃"辣"的?

古人用"辛"来表达辣的意思。在辣椒传入中国之前，他们对辛辣的体验主要来源于生姜、花椒、肉桂、芥末、葱、蒜等食材。

13. 中国最早的糖叫什么？

中国最早的糖出现在西周时期，叫作饴。饴糖是一种以米（淀粉）和麦芽经过糖化熬煮而成的糖，呈黏稠状，俗称麦芽糖。在蔗糖成为普遍的甜料前，饴，才是真正的中国古法糖。

14. 古人爱吃什么肉呢？

先秦时期的人们爱吃狗肉，狗肉被列入"八珍"。尽管宋人爱吃羊肉，但羊肉价格过高，猪肉的价格优势开始显现。明清时期，猪肉已经成为国人第一肉食。

15. 汉代人是如何吃火锅的？

汉代开始有关于火锅的明确文献记载，那时候火锅被称作"锥斗"，并且还有调味品（叫作"染"）。染杯中盛放的主要是以酱、盐为主的调味品，类似现在火锅的味碟。

16. 古人是什么时候开始"撸串"的？

春秋战国时期，烧烤是祭祀的供品，更是贵族阶层最爱的高级料理。秦汉后，烧烤开始大量流行。烤串技术在汉晋时期发扬光大，逐渐成为美食界的"顶流"。

17. 古人为什么能"千杯不醉"？

所谓的"千杯不醉"，是虚指，指喝很多杯也不醉。这是因为在宋代以前，古人喝的大多是甜酒。甜酒酒精含量不高，味道偏甜，是宋代以前人们的主要饮用酒。

18. 满汉全席真的有一百零八道菜吗？

宫廷满汉全席并不存在。清朝只分满席和汉席，是两种不同民族风格的菜系，但古书中没有标点，大家就以为"满汉席"是两种菜系的融合。

19. 古代有冰激凌或冷饮吗？

到了宋代，人们在夏天打开冰库，将储藏的冰凿取一些，放入果汁里，做成冷饮。宋代出现了类似于冰激凌的"冰酪"或者"冰酥"，而唐代贵族宴会已设有"酥山"。

20. 为什么中国人喜欢"四菜一汤"？

相传，朱元璋为了整治贪腐，在皇后寿诞日的宴席上，每张桌上只有一盘炒白萝卜、一盘炒韭菜、两碗青菜、一大碗葱花豆腐汤。从此，"四菜一汤"成了官场餐饮的标准。

21. 冬至吃饺子的习俗与谁有关？

冬至吃饺子与东汉名医张仲景有关。一年冬天，张仲景把羊肉和驱寒药材放在锅里熬煮，捞出切碎，用面饼包成耳朵样的"娇耳"，给人们治疗冻疮。

22. "冰糖葫芦"是治病的良药吗？

冰糖葫芦最初是治病良药，从南宋皇宫中流入民间。据说宋光宗最宠爱的黄贵妃不思饮食，日渐憔悴，后被江湖郎中的一味偏方治好了。此偏方就是冰糖与山楂一起熬煎。

23. 豆腐是谁发明的？

据历史资料记载，豆腐是西汉时期刘安发明的。据传是他在一次炼丹时，偶然用石膏点豆汁，发明了豆腐。

24. 中国第一位出版食谱的女厨师是谁？

《吴氏中馈录》的作者吴氏是一个宋朝的江南女子，是历史上第一位出版食谱的女厨师。全书菜点采用炙、腌、炒等十几种烹饪方法。

25. 中国最早种植的"五谷"是哪五种？

《汉书·食货志》中"五谷"指的是稻、黍、麦、菽、粟。稻即水稻，脱壳后是大米；黍即黍子，又叫黄米；麦分为大麦、小麦等，种植广泛；菽则是豆类的总称；粟则指谷子，去壳后是小米。

26. 为什么古人在农历二月二进行春耕仪式？

农历二月二"龙抬头"的习俗，据传起源于三皇之首的伏羲氏时期。伏羲氏重视农业，每年二月初二，妻子亲自送饭，他亲自耕地。

27. 为什么古代多种植水稻？

水稻的产量明显高于北方旱作农业的粟和小麦，这使得水稻在满足人口增长对粮食需求方面发挥了重要作用。水稻的高产特性也促进了中国古代农业的发展和社会经济的繁荣。

28. 哪些古代农作物是从国外传入中国的?

我们餐桌上的许多美食都是由国外传入中国的,例如黄瓜,也称胡瓜,原产于印度,汉代由张骞出使西域时带回中国;茄子原产于印度,在西汉末期传入中国。

太美味了!!

29. 什么是常平仓制度?

常平仓制度起源于战国时期,其核心思想是在丰收之年以高于市场价的价格大量买入粮食储存,以避免谷贱伤农;歉收年则以低于市场价的价格大量抛售,防止饥荒。

30. 为什么中国古代建筑普遍没有西方的高?

高度受限的原因是屋顶结构太重,对柱体的高度和强度要求很高。古代建筑追求宜居性,而古代没有电梯等设施,因此高层建筑并不宜居。

31. 古代建筑为什么更凉快?

古代屋檐向外挑出一定尺寸，能调节阳光的照射效果，冬日聚阳，夏日遮阳。梁架的多层木构件隔热效果好，坡屋顶使顶部出现了架空层，可以有效阻隔太阳光热量。

32. "二门不迈"中的"二门"指什么门?

古代大户人家的小姐大门不出，二门不迈。二门指的就是四合院里的垂花门，女眷迎送亲友就到此为止。垂花门是内宅的入口，与正厅、正房同在一条南北向的主轴线上。

33. 古代江南地区的建筑为什么是白色的?

江南地区盛产石灰，建筑取材方便，所以多用石灰粉饰。此外，由于江南地区雨水较多，而石灰可以防潮除霉，在潮湿的环境中能对墙体起到很好的保护作用。

34. 中国有几座故宫？

中国目前有四座故宫，分别是：北京故宫、南京明故宫、沈阳故宫、台北故宫。北京故宫是世界上规模最大、保存最完整的木质结构古建筑群之一。

35. 岳阳楼在古代也是一座观景楼吗？

岳阳楼历经由军事楼到城门楼，再到观赏楼的演变。唐以前，其功能主要用于军事，唐朝后逐渐成为历代文人雅士游览观光、吟诗作赋的胜地。

36. 梁思成与独乐寺有什么渊源？

1932年4月，梁思成开始考察独乐寺观音阁，并撰成了《蓟县独乐寺观音阁山门考》。这是中国人第一次用现代科学方法测绘古建筑的调查报告，意义非凡，影响深远。

37. 为什么上梁不正，下梁歪？

梁架是自下而上搭建的，先放下梁，所以，施工时只会出现"下梁不正，上梁歪"的失误。"上梁不正，下梁歪"是上梁先歪引起下梁不正，一般用来描述年久失修的危房。

38. "偷梁换柱"是古建筑施工的方法吗？

"偷梁换柱"的本义源自一种古建筑修缮方法，指在不动整体建筑结构的情况下，更换大梁、柱子。它包括揭露、偷梁、抽柱、换柱等内容。

39. 宫殿的"五脊六兽"分别是什么？

"五脊六兽"是中国古代宫殿式建筑构件及装饰构件。五脊是指宫殿正脊和四条垂脊。六兽指屋脊上的兽形构件，分别是正脊两端的吞兽和四条垂脊的五个蹲兽。

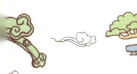

40. 中国哪座塔建成没用一颗铁钉？

应县木塔是国内外现存最古老、最高大的纯木结构建筑。全塔没用一颗铁钉，全靠构件互相卯榫咬合。全塔共用了54种不同形式的斗拱，被称为"斗拱博物馆"。

41. "钩心斗角"和古建筑有什么关系？

"钩心斗角"原指宫室建筑的内外结构精巧、回环错落。后来用做比喻人与人之间各用心机，互相排挤，也写作"勾心斗角"。

42. "亭子"的名称从何而来？

亭子有顶无墙，是一种常见的小建筑物。《释名·释宫室》："亭，停也，亦人所停集也。"亭子古时候常建于路旁或园林之中，以供行人和游人驻足休憩。

43. 最早的"路"是用什么材料修建的？

在早期的道路修建中，土壤和碎石是最常见的材料。人们会将这些材料混合在一起，压实后形成道路的基础。这种道路虽然简单，但能够满足基本的通行需求。

44."车同轨"对古代交通有什么意义？

"车同轨"通过统一车轮之间的距离，使不同地区的马车能够在同一道路上顺畅行驶，减少了因车轮间距不一而造成的行驶障碍和道路磨损。

45. 古代皇帝乘坐的车驾叫什么？

龙辇是古代皇帝乘坐的一种豪华马车，多为六四马拉车，称为"天子驾六"，寓意皇帝至高无上的地位和权力。这种车驾在唐代尤为盛行。

46.鸽子为什么能传书信?

飞鸽传书主要是基于鸽子强烈的归巢本能。鸽子在一个地方长大后,无论被带到多远的地方,都有能力找到并飞回原来的巢穴。

47."木牛流马"真的是一种交通工具吗?

"木牛流马"是一种交通工具。诸葛亮在北伐时,为了解决粮草补给的难题,发明了"木牛流马"这一运输工具,其目的是减少人力消耗,提高运输效率。

48.古代中国有"交通规则"吗?

古代已经存在一些交通规则。例如,唐代制定的《大唐仪制令》就规定了道路交通的基本通行规范,即"凡行路巷街,贱避贵,少避老,轻避重,去避来"。

49.古人是怎样在山路上修栈道的？

古人会在崖壁上凿出宽约20厘米、深约50厘米的孔洞，用于插入粗木横梁或石柱支撑结构，在上面铺设木板形成可供行走的路面。

50."北斗七星"是怎么帮人辨别方向的？

北斗七星"勺口"的两颗恒星（天璇和天枢）的连线延长线方向即为北极星所在，此时面向北斗七星，人们的背后即为南方，左手边为西方，右手边为东方。

51."日食"在古代被看作什么现象？

古代中国普遍认为日食是"天狗"或神兽咬日或吞日所致。这种观念反映了古人对日食的敬畏和恐惧，认为日食是不祥之兆，预示着人间将有变乱。

52. "二十八宿"是什么?

"二十八宿"将整个天球划分为二十八个区域,每个星宿代表了一个特定的天区,便于古人观测星体的位置、亮度和颜色等,从而预测天气、季节更替等自然现象。

53. 古代"四象"是什么?

在天文和星宿领域,"四象"通常指的是青龙、白虎、朱雀、玄武,这四种神兽分别代表东、西、南、北四个方向,源于中国古代的星宿信仰。

54. 中国现存最早的观星台是哪个?

中国现存最早的观星台是登封观星台,由元代郭守敬创建。它反映了我国古代科学家在天文学上的卓越成就,在世界天文史上有很大的价值。

55. 为什么古人认为"天上一日，地上一年"？

在古代，人们观测星空时发现，当地球公转一周（即一年）时，恒星的位置才会发生明显的变化。这种天文现象让古人产生了"天上一日，地上一年"的错觉。

56. "十二时辰"与十二生肖有什么关联？

"十二时辰"与二十四小时相对应，每个时辰约等于现代的两个小时。十二生肖也按照十二时辰的顺序一一对应，每个生肖代表一个时辰。子时对应鼠、丑时对应牛……

57. 中国古代最早使用的阴阳合历是什么？

中国古代最早使用的阴阳合历是夏历。它不仅是中国传统文化的重要组成部分，也对周边国家和地区的历法产生了深远的影响。

58."闰月"是什么意思？

"闰月"是中国农历中的一个特殊概念，指的是在农历年中为了协调回归年与农历年的矛盾而增加的一个月份。

59.古代为什么没有"国际标准时间"？

中国古代有着丰富的计时方法和精确的时间单位，但因为古代社会缺乏全球性的通信和合作机制，以及受科技水平的限制，没有形成全球统一标准。

60."黄历"是做什么用的？

"黄历"又称老黄历、皇历、通胜等，是中国一种传统的日历。黄历包含了大量的日常生活信息，如婚嫁、出行、开张、搬家等重大事项的择日择吉指导。

61."重阳节"为何是农历九月初九?

在古老的《易经》中,"九"被定为阳数。九月九日,日月并阳,两个九相重,因此被称为"重阳"或"重九"。这一天在古人看来,是阳气最旺盛的日子。

62."清明节"为什么又叫"踏青节"?

从唐代开始,人们在清明上坟祭祖的同时,也会在明媚的春光里踏青游乐,使得清明节不仅具有慎终追远的感伤情怀,也充满了欢乐赏春的喜庆气氛。

63."牛郎织女"与天文现象有什么关联?

牛郎、织女是天上的星宿,即二十八宿中牛宿中的两颗星,分别对应现代天文学中的河鼓二和织女一。这两颗星在夜空中清晰可见,是古人观测天象的重要对象。

64. "银河" 这个名字是怎么来的？

银河由数以千亿计的恒星组成，它们发出的光与星际尘埃气体混合在一起。从地球上看，银河就像一条横跨夜空的亮带，因此被形象地称为"银河"。

65. 古人如何测量星星间的距离？

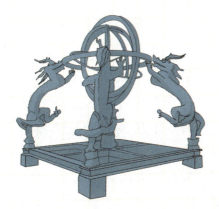

中国古代天文学家发明了浑仪和简仪等天文观测仪器，这些仪器包含多个可旋转的圆环和窥管装置，可以精确对准并测量天体的角度和位置，辅助测量其距离。

66. "二十四节气" 代表哪些自然现象？

"二十四节气"代表了一系列自然现象，比如谷雨代表雨水滋润大地，五谷得以生长，是播种移苗、掩瓜点豆的最佳时节。

67. 世界上最早的天文著作是什么？

世界上最早的天文著作是《甘石星经》。大致成书于战国时期，是中国古代文学专著和观测记录，分为《甘经》和《石经》，各八卷，共计十六卷。

68. 中国古代地图是用什么材料制作的？

在早期的地图制作中，绢帛是主要的绘制材料。它是一种丝织品，质地柔软且易于着色。然而，由于绢帛的成本较高且不易保存，因此在后来的地图制作中逐渐被其他材料代替。

69.《山海经》对中国古代地理有何影响？

《山海经》记载了大量的山川、河流、湖泊、海洋等地理实体，包括100多个邦国、500多座山、300多条水道，极大地拓宽了古代中国人对地理空间的认知。

70. "长江三峡"对长江航运有何影响？

在古代，人们不仅利用三峡水道进行航运，还开辟了多条陆路古道作为辅助。这些古道在不适宜航运的季节或条件下，能够替代水道，提高航运的灵活性和可靠性。

71. 桂林的喀斯特地貌是如何形成的？

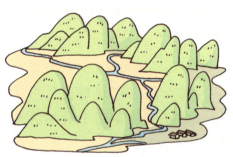

桂林地区广泛分布着石灰岩，地下水在石灰岩的空隙中流动，溶解岩石中的碳酸钙，形成溶洞和地下河。当地下水位下降时，溶洞和地下河逐渐露出地表，形成独特的喀斯特地貌。

72. "指南针"对古代航海有什么作用？

指南针利用磁铁能指南北的性质指示方向，为航海者提供方向指引。无论是白天还是夜晚、晴天还是阴天，它都能准确判断方向，从而实现了全天候的航行能力。

73. "楼兰古国"为何会消失？

"楼兰古国"位于现今中国新疆巴音郭楞蒙古自治州若羌县北境，罗布泊西北岸。该地区水资源匮乏，加之古代气候条件的恶化导致塔里木河河道南移，楼兰的水源急剧减少致使古国逐渐消失。

74. "郑和下西洋"对古代地理认知有何影响？

郑和的七次远航，访问了东南亚、南亚、西亚等多个国家和地区。这些远航活动极大地拓宽了中国人的地理视野，使中国对外部世界的了解不再局限于丝绸之路。

75. 长城的修建与中国地理环境有何关系？

古代中国北方居住着善于骑射的游牧民族。他们经常南下侵扰中原地区。为了抵御这些游牧民族，古代中国历代王朝在北方边境修筑长城，形成了一道坚固的防线。

76. 天山在古代中国有什么作用？

天山是中国西北部的重要山脉，自东向西延伸，形成了天然的地理屏障。其内部纵横交错的谷地和南北两麓的绿洲，也为古代丝绸之路提供了重要的交通通道。

77. 中国最早的计数工具是什么？

中国最早使用的计数工具是筹策，又被称为算筹。算筹多用竹子制成，也有用木头、兽骨等材料充当的。算筹约270枚一束，放在布袋里可随身携带。

78. "勾股定理"在古代称为什么？

中国古代数学家称直角三角形为勾股形，较短的直角边称为勾，另一直角边称为股，斜边称为弦，因此"勾股定理"也被称为"勾股弦定理"。

79. "圆周率之父"是谁?

祖冲之在前人研究的基础上，将圆周率精确计算到了小数点后七位，即 3.1415926 和 3.1415927 之间。这一成就在当时是世界领先的，他也因此被称为"圆周率之父"。

80. "杨辉三角"是什么时候被发现的?

据历史记载，南宋数学家杨辉在《详解九章算法》一书中，辑录了三角形数表，并称之为"开方作法本源"图。

81. "田忌赛马"包含了哪些数学思想?

"田忌赛马"是博弈论和运筹学最早的例子之一。孙膑作为田忌的智囊，精心策划，使田忌能够在总体实力不如对手的情况下，通过调整马的出场顺序，实现反败为胜。

82. 如何用数学原理解释"曹冲称象"？

"曹冲称象"的核心思想是"等量代换"。曹冲将大象和石头分别放在船上，观察船身下沉的程度。当船身下沉到相同的位置时，说明大象和船上石头的重量是相等的。

83. "算经十书"包括什么？

"算经十书"包括《周髀算经》《九章算术》《海岛算经》《张丘建算经》《夏侯阳算经》《五经算术》《缉古算经》《缀术》《五曹算经》《孙子算经》。

84. 古代中国有没有微积分理论？

老子和庄子的哲学思想中就包含了无限可分性和极限思想的理论。庄子在《庄子·天下篇》中提出的"一尺之棰，日取其半，万世不竭"就是最早的极限思想的萌芽。

85."天元术"是指什么？

"天元术"是中国古代数学中一种利用未知数列方程的方法，与现代代数学中列方程的方法基本一致，但写法不同。核心思想是通过设立方程并进行演算求解。

86.中国最早的医学方书是哪部？

古代中国最早的医学方书是《五十二病方》。这部著作于1973年在湖南长沙马王堆三号汉墓中出土，约著于春秋战国时期，是我国现存最早的医学方书。

87.神农氏为什么被尊为"医药之祖"？

神农氏以身试药，辨别药性。《史记·补三皇本纪》和《淮南子》等古籍均有记载，如"神农氏尝百草之滋味，一日而遇七十毒"，因此他被人们尊称为"医药之祖"。

88. "太极拳"是怎样促进身体健康的？

中医理论认为，人体健康的关键在于阴阳平衡。"太极拳"通过特定的动作和呼吸调节，旨在达到和维持人体内的阴阳平衡状态，从而促进身体健康。

89.《千金方》有哪些内容？

《千金方》共三十卷，是一部综合性临床医著，被誉为中国最早的临床百科全书。该书内容丰富，涵盖了医德、本草、制药、临床各科辨证施治等多个方面。

90. "气功"在中医养生中有何作用？

中医认为，经络是气血运行的通道，经络通畅则气血通畅。气功中的"缠丝劲"等技法，是基于经络学说而设计的，有助于改善人体微循环，提高身体的代谢能力。

91. 中国最早的"工匠之神"是谁？

鲁班生活在春秋末期到战国初期，是鲁国人，他在木工、建筑、机械等领域都有许多发明创造。被后人尊称为"中国建筑鼻祖""木匠之神"，并被誉为"机械之圣人"。

92. 青花瓷上的蓝色是怎么来的？

青花瓷上的蓝色来源于一种特殊的矿物颜料钴矿。在青花瓷的制作过程中，工匠们将钴料与清水混合，形成细腻的钴蓝色料。

93. 丝绸之路上最受欢迎的丝绸制品是什么？

丝绸之路上最受欢迎的丝绸制品之一是蜀锦。蜀锦的纺织方式采用熟织，即蚕丝在织造前先染色，这种方式加大了纺织的难度，但使得丝绸颜色鲜艳，更有立体感。

94. 古人为何喜欢在扇面上题诗作画？

扇子作为古代中国常见的纳凉工具，其便携性和实用性使得它成为文人墨客随身携带的物品。在扇面上题诗作画，不仅增添了扇子的美观性，还提升了文化和艺术价值。

95. 最早的锁是什么样的？

最早的锁具雏形可以追溯到新石器时代，人们为了保护私有财产，用绳索将门捆住，并在开启处打上特殊的绳结，用兽牙或兽骨制成的"觿"挑开。

96. 中国"四大名绣"分别是什么？

中国"四大名绣"分别指的是江苏省苏州地区的苏绣、湖南省的湘绣、四川省的蜀绣以及广东省的粤绣。

97. 中国的剪纸起源于什么时候？

中国的剪纸艺术起源于春秋战国时期。在纸出现之前，人们运用薄片材料，如金箔、皮革、绢帛，甚至树叶，通过雕、镂、剔、刻、剪的技法制作工艺品。

98. 点翠工艺盛行于什么时候？

古代点翠工艺盛行于明清时期，用于宫廷装饰和王室礼仪用品。用金、银等金属，经过七道工序——拉制花丝、掐、攒、焊、编织、镀金和点翠制成。

99. 古代制作蜡烛的材料是什么？

中国古代制作蜡烛的主要原料有蜂蜡和白蜡。《西京杂记》中记录有："南越王献汉高帝石蜜石斛，蜜烛二百枚，帝大悦。"

100. 古代玻璃的制作工具有哪些?

古代玻璃制作的工具有长柄勺、镊子、剪刀、磨盘等,用于捞取熔融的玻璃、成型和修饰。此外,还需要炉子来加热原料,使其熔化。

101. "榫卯结构"是什么时候发明的?

榫卯结构大致形成于人类新石器时期,这是中国古人共同的智慧创造。河姆渡遗址就出土了大量的木构建筑榫卯。

102. 古代是怎样制作纸伞的?

古人挑选质地坚韧的上等竹子作为伞骨,通过钻孔、拼架等步骤,将削好的伞骨组装成完整的伞骨架,再将裁好的纸或布料粘贴到伞骨架上,并在伞面刷上熟桐油增强纸伞的防水性。

103. 古代制作风筝的纸是什么纸？

古人用手工制造的长纤维纸制作风筝。这类纸因其纤维长、有韧性、薄而轻、透气量小、着色性好以及温度变化所引起的变形度小等特点，适合用于制作风筝。

104. 古代瓷器的釉料是用什么调配的？

基础釉料通常由石英、长石、高岭土等矿物原料按一定比例混合而成，在高温下熔融形成玻璃质层。着色剂是釉料中用于产生不同颜色的关键成分。

105. "蚕桑文化"的发展源头是什么？

考古工作者在距今约 4700 年的浙江吴兴钱山漾遗址中，发现了未碳化而呈黄褐色的绢片和丝带，这证明了中国人在新石器时代晚期就已经掌握了养蚕缫丝的技术。

106. 锯子是谁发明的？

锯子是春秋时鲁国的工匠鲁班发明的。据说鲁班爬山时，手被丝茅草划破，流血了。他好奇地拔下一片草叶观察，发现丝茅草的叶子竟然是锯齿形的，由此发明了锯子。

107. 古代没有电饭煲是怎样蒸饭的？

甑，是我国古代从最早的陶器出现就已开始使用的蒸食陶炊器。相传是黄帝发明的。在距今6000多年历史的半坡遗址中，就出土了一口陶甑。

108. 古代是怎么计时的？

古代计时器有很多，有利用日影定时的木杆、圭表和日晷等，也有利用流速计时的漏刻和沙漏等，还有机械计时装置水运浑象仪等。

109. 古代竟然也有闹钟？

火闹钟就是古代的一种闹钟。它是在香的特定位置用细线挂一些金属小球，小球下边放一个金属盘子，当香燃烧到特定位置时，金属球就会掉落，发出声响报时。

110. 古代最早的纸币是什么？

北宋时期，由于金属货币流通的不便，四川地区出现了世界上最早的纸币——交子。交子最初是由商人自发印制的，后来由政府接管发行，逐渐在全国流通。

111. 孙膑创作了什么书？

孙膑是齐国的军事家，他带领军队取得了桂陵之战和马陵之战的胜利，并著有《孙膑兵法》。孙膑反对轻易发动战争，认为军心民心才是战争取胜的决定性因素。

112. 古代军队打仗吃什么?

古代行军条件艰苦，没有新鲜的蔬菜，也缺少肉食。军队行军常吃粟米饭、粥、野菜或打猎的野味。从先秦开始，地方军队会配备酱来佐食，如鱼酱、肉酱、豆酱等。

113. 古代战场上的盾牌是怎样的?

古时用于实战的盾牌，以木板、藤条等轻质材料为主。为了使盾牌具有足够的韧度，避免被弓箭射穿，普遍采用的是正面覆盖兽皮的做法。

114. 古代作战时会用火箭吗?

古代火箭由箭头、箭杆、箭羽和火药筒四部分组成。点火后，火药在筒中燃烧，高速向后喷射。在古代，火箭的主要作用是纵火点燃对方的军营或是粮草。

115. 古代竟然也有"出租车"？

汉代的"出租车"叫"记里鼓车"。它的车盘上装着特制齿轮，车轮转动100圈，齿轮转动1圈，车座上特制的两个小人偶就会敲动前面的鼓，提醒车夫和乘客已经行驶了1公里。

116. 醋是什么时候发明的？

中国是世界上第一个用谷物酿醋的国家。早在春秋初期就已经有了关于醋的文字记载。

战国时期，已经有了专门酿醋的作坊。到了汉代，醋就开始大规模生产了。

117. 古代竟然有"公共厕所"？

周朝时，就出现了中国最早的"公共厕所"。官府在道路旁修建"路厕"供人使用，有效改善了卫生环境，防止了传染病的传播。

118. 古代有什么环保黑科技吗？

长信宫灯、雁鱼灯都是古代环保灯。古人点燃雁鱼灯之前，在大雁的肚子里放入水。燃灯后，产生的烟雾、废气，经过水的稀释，减少或消除了污染。

119. 古人是怎样熨烫衣服的？

古人用熨斗熨烫衣料。在熨衣前，把烧红的木炭放在熨斗里，待底部热得烫手了再使用，因此也叫"火斗"。在汉代就已经是家庭用具了。

120. 火柴是什么时候发明的？

最早的火柴是在公元577年发明的。《辍耕录》中记载："杭人削松木为小片，其薄如纸，熔硫磺涂木片顶端分许，名曰发烛，又曰粹儿，盖以发火及代灯烛用也。"